JN086505

手書きでも　デジタルでも

まとめ・発表カンペキBOOK ③

ポスター

で伝えよう

監修　**鎌田和宏**
（帝京大学教育学部初等教育学科教授）

はじめに

　学校などの学習の場では必ずある「まとめ」と「発表」。「調べたことをまとめるのが好き」「発表は得意だよ」という人はよいのですが、「どうやってまとめたら、よいのだろう？」「発表？うまくできるか緊張しちゃうなぁ……」という人も多いはずです。

　でも、まとめることや発表することには、大切な役割があります。調べたり考えたりしたことは、作品にどうまとめて、発表しようか考えることによって、十分に調べられたのか、考えられたのかがわかります。「まとめ」や「発表」は自分の学習をふり返る、とても大切な作業なのです。

　そして、まとめたり発表したりすることによって、それを見た人・聞いた人が、質問や感想をくれるでしょう。それは新たな学びのきっかけになります。

　また、まとめ方と発表の仕方にはコツがあります。まとめ方や発表のコツを知れば、楽しく、上手にできるようになりますよ。

　ポスターは、生活の中のどこでも見られるメディアです。学校にも、さまざまなポスターがはられているでしょう。大きな紙に、絵や写真、短い言葉などを使って、知らせたいことをはっきりと、心に残るように伝えてくれます。

　みなさんも、ポスターをつくったことがあるのではないでしょうか。でも、ちょっと待ってください。ポスターの特徴やつくり方をじっくり考えたことがありますか？　この本でポスターのつくり方を学び、実際にやってみましょう。その体験が、あなたに新たな学びをもたらしてくれるはずです。

帝京大学教育学部初等教育学科教授　**鎌田 和宏**

この本に登場するキャラクターたち

ハナとジュンがまとめ方や発表の仕方にまよったとき、ツタワリンゴがポイントを教えてくれるよ。

ツタワリンゴ

読む人、聞く人にばっちり伝わるまとめ方や発表の仕方を教えてくれる、ふしぎなリンゴ。

小林ハナ

小学4年生。思いついたら、すぐ行動！　細かいことはちょっと苦手……。

小林ジュン

小学5年生。読書や絵をかくのが好き。でも、人前に出るのは苦手……。ハナの兄。

もくじ

ポスターに まとめて伝えよう

多くの人によびかけたり、調べたことを発表したりするときは、ポスターにまとめると、わかりやすく伝えられます。ポスターの特徴を見てみましょう。

リサイクルのことを
調べたんだ。
学校のみんなに
リサイクル活動を
よびかけたいんだけど、
どうすればいいかなあ。

わたしは、今度の運動会に
まちの人がたくさん
来てくれるように、
情報をお知らせしたいんだけど、
どうしたらいいかな。

そういうときは
ポスターにまとめるのが
おすすめリンゴ。
たくさんの人にわかりやすく
情報を伝えられるよ！

✏ ポスターのことを知ろう

　ポスターは、多くの人に伝える情報を、文や絵、写真などで表現した大きなはり紙のことです。たくさんの人に情報を届けるために、公共の場所などのかべや柱にはられます。

ポスターにはどんな特徴があるの？

情報が一目でわかる

　通りかかった人に短時間で情報を伝えられるよう、一目で内容がわかるようになっています。

● 大切な情報だけを伝える
　内容がすぐに伝わるよう、のせる情報は少なく、大事なものにしぼられています。
● 見る人を引きつけるくふうがされている
　人の記憶に残るように、目を引くような絵や写真、デザインになっています。

ポスターには、どんな種類があるかな？

たとえば……

よびかけポスター

みんなに考えてほしいことや、マナー、注意してほしいことなどをよびかけるポスター。

お知らせポスター

イベントや商品などの情報をみんなに宣伝するポスター。

発表用ポスター

調べてわかったことや、自分の考えをみんなに伝えるポスター。

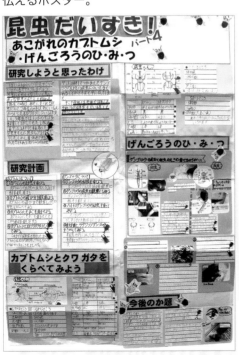

リサイクルをしようって、よびかけポスターにまとめてみようかな。

運動会の情報はお知らせポスターにまとめればいいんだね！

リサイクルの
よびかけポスターをつくろう

ひとりで

ジュンが、リサイクルをよびかけるポスターをつくることにしました。
どうやってポスターにまとめるのでしょうか。いっしょに見てみましょう。

よびかけ
ポスターを
つくってみよう！

よびかけポスターは、学校やクラスのみんなに考えてほしいこと、マナーや注意などを伝えるときに便利です。

見る人に、自分のメッセージが伝わるように、言葉や絵・写真をくふうしましょう。

みんながリサイクルしようって
思ってくれるような
ポスターをつくりたいんだ。

よびかけポスターの例

キャッチ
コピー →

絵 →

よびかけ
たいこと →

こんなふうに進めてみよう！

ステップ	ステップ	ステップ	ステップ
1 計画を立てる	**2** キャッチコピーを考える	**3** 下がきをする	**4** ポスターを仕上げる

計画を立てよう

伝えるテーマやだれに向けたポスターにするかなどを考えて、
メモに書いておきましょう。

何を伝える?

まず、テーマについて下調べしましょう。それから、とくに伝えたいことを考えます。

だれに伝える?

相手によって、伝わりやすいキャッチコピーや、絵や写真はちがいます。伝える相手をはっきり決めておきましょう。キャッチコピーとは、見た人を引きつける短い言葉です。

どこにはる?

伝えたい相手が多く通るのはどこかを考えて、ポスターをはる場所を決めましょう。

どんな絵にするか、
計画メモにイメージを
かいておくといいよ!

ジュンがつくった計画メモ

(よびかけポスター) の計画メモ

5 年 1 組 小林ジュン

テーマ	リサイクルのために分別してすてよう
ポスターに入れること	○キャッチコピー ○ごみが資源になることがわかる絵 牛乳　ペットボトル
伝える相手	学校のみんな
はる場所	学校のごみ箱の近く

この本の終わりにある計画メモのひながたを、先生にコピーしてもらって使いましょう。同じページにあるURLからは、パソコンやタブレットで使えるPDFデータのダウンロードもできます。

キャッチコピーを考えよう

ステップ 2

キャッチコピーは、伝えたいことを、短い文や言葉で言い表したものです。
見た人を引きつけるキャッチコピーを考えましょう。

短くまとめる

一目で伝わるように、伝えたいことをできるだけしぼって、短くまとめましょう。

表現をくふうする

言葉のリズムや順番、表現などをくふうして、見た人の心に残るようなキャッチコピーを考えましょう。

キャッチコピーなし

ごみは種類別に分別して、リサイクルしやすいようにしましょう

キャッチコピーあり

分別してすてよう

ごみは種類別に分別して、リサイクルしやすいようにしましょう

キャッチコピーがあるほうが、ぜったいにわかりやすいね!

伝えたいこと

 ごみをリサイクルのために分別してほしい

キャッチコピーにしてみよう!

「世界をすくうリサイクル」のように、五音と七音の言葉を組み合わせると、印象に残るキャッチコピーになるよ!

アイデア❶ よびかけ風に

未来の地球のためにリサイクルしよう!

アイデア❷ 問いかけ風に

そのごみ、何ごみかわかっていますか?

アイデア❸ 言い切る

ごみが資源に変身!

名詞で終わる言い切りの形にしようかな!

アイデア❹ おどろきの事実を入れる

日本で1年間に出るごみは4167万トン!

ステップ 3 下がきをしよう

次に、キャッチコピーや絵を鉛筆で下がきしたり、写真を置いたりしてみましょう。

見た人を引きつける絵や写真を考えよう。

大きくはっきり！

文字や絵は、遠くから見た人にも何がかかれているかがわかるように、大きく、はっきりかきましょう。

印象に残る表現を！

内容が伝わる絵を考えましょう。また、見た人の心に残るような印象的な絵をめざしましょう。

具体的なものや動作の絵や写真

そのごみ、何ごみかわかっていますか？

具体的な動作が入っていると、何のポスターか一目でわかります。

擬人化は、ものを人間のように表現することで、身近に感じさせる効果があります。

擬人化した絵

ごみが資源に変身！
分別してすてよう

実際にはない場面を絵にすることで、ごみの問題の深刻さを伝えられます。

イメージや気持ちを表した絵や写真

日本で1年間に出るごみは4167万トン！

ステップ 4 ポスターを仕上げよう

文字や絵を清書して、前を通った人が立ち止まって見たくなるようなポスターを完成させましょう。

文字がはっきり読めるように、色使いも気をつけよう。

校正する

内容にまちがいがないかを確かめることを「校正」といいます。自分で校正するのはもちろん、他の人に校正してもらうのもおすすめです。

清書する

最初にポスターの背景をぬって、そのあとに絵、文字をかいていくと、きれいに仕上がります。

できあがり！

いちばん伝えたい「分別してすてよう」という字を、大きく目立つように書いたんだ。

ヒーローのような変身ポーズをかいてみたよ。みんな「なんだろう」って興味をもってくれるかな。

絵の背景は、明るくて元気なイメージになるような色にしたんだ。

ステップ → アップ！

色の効果に注目しよう！

**使う色によって、ポスターの印象は大きく変わります。
色の効果をいかしてポスターを仕上げてみましょう。**

色ごとのイメージを知ろう

同じ文字や絵をかいたポスターでも、どの色を使うかによって、見る人が受ける印象はちがいます。

ポスターを
つくろう！

空や海をイメージさせる色。さわやかさや、冷静さを感じさせる。

ポスターを
つくろう！

森や草木をイメージさせる色。リラックスした印象を感じさせる。

ポスターを
つくろう！

明るさやにぎやかさをイメージさせる色。注意を引く効果がある。

ポスターを
つくろう！

花をイメージさせる色。やさしさやかわいらしさを感じさせる。

ポスターを
つくろう！

太陽をイメージさせる色。熱さや強さを感じさせる。

色の組み合わせで印象が変わる

色の組み合わせ方によって、印象や見やすさは変わります。ポスターは、だれにでも見やすい色使いにすることも重要です。

青や緑などの組み合わせは、すずしそうで落ち着いた印象になる。

黄色やピンクなどの組み合わせは、温かくて元気な印象になる。

黄色と黒の組み合わせはとても目立つ。危険をイメージさせる。

濃い色同士の組み合わせは目立つが、見えにくく感じる人もいる。

濃い色同士、うすい色同士でも、ふちどることで見やすくなる。

11

エネルギーを大切にすることを
よびかける、「あかりの日」の
ポスターをつくったよ！

テーマ「あかりの日」／2～5年生／A4・B4

電球は、1879年
10月21日に
初めてつくられたよ。
「あかりの日」は
その記念日なんだ。

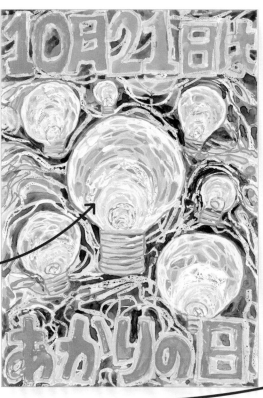

おもしろい色づかい
でかいた電球をたく
さん並べた絵が目を
ひく、力強いポス
ターだね！

笑顔で明かりに手を
のばす男の子が、と
ても楽しそうだね。
文字も読みやすい。

こん色を背景にかか
れた、きれいな絵が
とても目立つ、印象
的なポスターになっ
ているね。

全体にカラフルな色
をぬった上から黒く
ぬりつぶし、それを
けずってスカイツ
リーをかいているよ。
とてもきれいだね。

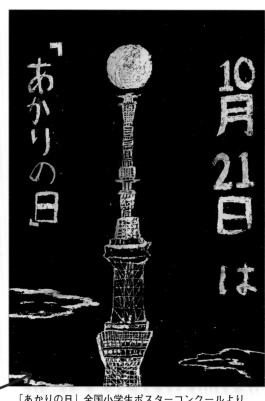

「あかりの日」全国小学生ポスターコンクールより

家族を大切にしようとよびかける、
「家庭の日」のポスターをつくったよ！

テーマ「家庭の日」／３・４年／画用紙四切

キャッチコピーのまわりに色をぬったり、字の色を変えたりして、どちらもキャッチコピーを目立たせるくふうをしているね！

みんなの笑顔と、「わいわい作る家庭の日」というキャッチコピーから、家族を大切にしようというメッセージがよく伝わってくるね。

「ステイホーム」で外に出られないときにも、家でキャンプを楽しんでいたんだね。家族の時間を楽しもうという思いが、キャッチコピーと絵からよくわかるね！

「家庭の日」ポスターコンクールより

毎月第3日曜日は「家庭の日」。家族がいっしょにすごして、ふれあおうという日なんだよ。

13

運動会の お知らせポスターをつくろう

ひとりで

ハナは、運動会について知らせるポスターをつくることになりました。
どうやってポスターにまとめるのでしょうか。見てみましょう。

お知らせポスターをつくってみよう!

お知らせポスターは、学校行事などの日時や内容をみんなに知らせるときに便利です。情報を整理して、わかりやすく伝えましょう。

ポスターをつくって、たくさんの人に運動会に来てもらいたいんだ!

お知らせポスターの例

知らせたいこと

〜読書週間〜

11/25(月)〜 12/6(金)まで!

みんな来てね!

はずれなし!

大吉…5冊
中吉…4冊
小吉…3冊

みんなきてね!
今年もグッズあるよ〜!

図書委員会

読みきかせもあるよ!

情報　　絵　　情報

こんなふうに進めてみよう!

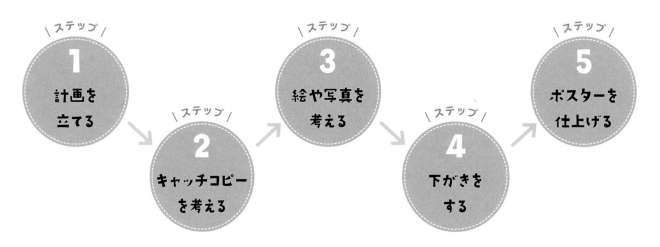

ステップ1 計画を立てる

ステップ2 キャッチコピーを考える

ステップ3 絵や写真を考える

ステップ4 下がきをする

ステップ5 ポスターを仕上げる

ステップ

1 計画を立てよう

最初に、テーマやだれに向けたポスターにするかなどを考えて、
メモに書いておきましょう。

伝える情報や
相手などを考える

伝えたい情報や伝える相手、ポスターをはる場所を考えて、メモに書き出しておきましょう。

情報の優先順位を
考える

ポスターにのせる情報を書き出してみます。その中で重要な順番を考えて、番号をふっておきましょう。

重要な順に番号をふる。

ハナがつくった計画メモ

(お知らせポスター) の計画メモ

４年　１組　小林ハナ

テーマ	運動会のお知らせ	
ポスターに入れること	第20回運動会	①
	場所　はるの小学校運動場	⑤
	５月20日（土）午前9時から	④
	雨天のときは5月27日（土）	⑥
	キャッチコピー	②
	絵か写真	③
伝える相手	地いきの人たち	
はる場所	商店がい・町内会のけいじ板	

学校の外にポスターを
はるときには、
必ず先生に相談して、
その場所を管理する人の
許可をとるようにしよう!
勝手にはっては、だめリンゴ!

この本の終わりにある計画メモのひながたを、先生にコピーしてもらって使いましょう。同じページにあるURLからは、パソコンやタブレットで使えるPDFデータのダウンロードもできます。

15

ステップ 2

キャッチコピーを考えよう

ポスターを見た人が「運動会に行ってみよう」と思ってくれるような
キャッチコピーを考えましょう。

短くまとめる

地域の人など、運動会のことを知ってほしい人たちを思いうかべて、どうしたらうまく伝わるかを考えましょう。

> どんなキャッチコピーにしたら、町の人が運動会にたくさん来てくれるかな。

> ハナが運動会の魅力だと思うことをキャッチコピーにしたらどう?

> 8ページも参考にするリンゴ!

伝えたいこと

みんなに運動会に来てほしい

> 笑顔になれると思うと、運動会に来たくなるかな? 2番目のキャッチコピーにしようかな。

全員が主役です!	運動会に出る人も見に来た人も、主役のように楽しめることを表したよ。
みんなが笑顔になる!	だれもが楽しくて笑顔になれちゃうのが、運動会のいいところだと思う!
わくわくする思い出を作ろう!	運動会では思い出がつくれるよね。でも、地域の人よりも学校のみんな向けかも。
むねが熱くなる日	勝負の行方にドキドキするのも、運動会のだいごみだよね!

ステップ 3 絵や写真を考えよう

ポスターの印象は、絵や写真によっても大きく変わります。どちらを入れるかを決めて、絵の内容を考えたり、写真をとったりしましょう。

絵か写真かを決める

同じ内容でも、絵で表すのと写真で表すのとでは、イメージが大きく変わります。まず、どちらにするかを決めましょう。

写真を入れるなら

写真は自分でとるか、友だち同士でとりあうなどしてみましょう。先生に、使える写真があるか聞いてみてもいいでしょう。

絵や写真は、かいた人やとった人の許可がないと使ってはいけないよ。それはインターネットや本などにある絵や写真も同じで、勝手に使うことはできないリンゴ。
（→くわしくは2巻36ページ）

ステップアップ！ 地図で場所を伝えよう

絵や写真のほかに、運動会が開かれる場所の地図を入れてもいいですね。今回は学校周辺の地図をかいてみましょう。

目標になる場所と道路を入れる

地図には、目的地と、その近くの道路や、目印になるような建物をかきましょう。

❶学校にいちばん近い駅やバス停、道路をかく。

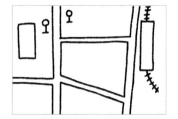

❷角にある建物など、目印になる場所をかく。

下がきをしよう

ステップ 4

キャッチコピーや日時などの情報、絵や写真などを、どこに、どのくらいの大きさで入れるか考えて、鉛筆などでうすく下がきしましょう。

伝えたいことを目立たせる

ポスターは、見た人がすぐに、何を知らせるものなのかがわかるようにすることが大切です。

15ページでつくった「計画メモ」をもとにして、いちばん大事な情報を大きく、それ以外の情報は小さく入れるなど、メリハリをつけるようにしましょう。

文字の形や大きさを変えると、ポスターの印象も変わるリンゴ！

情報は箇条書きにすると整理されて読みやすい。

文字を横に入れた例

第20回運動会
5月20日（土）午前9時から
場所　はるの小学校運動場
雨天のときは5月27日（土）
地図
みんなが笑顔になる！

文字をたてに入れた例

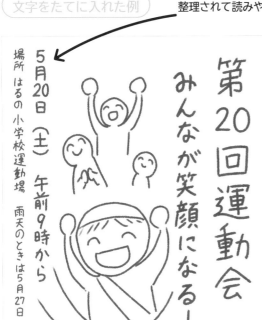

第20回運動会
みんなが笑顔になる！
5月20日（土）午前9時から
場所　はるの小学校運動場　雨天のときは5月27日（土）
地図

気をつけて！失敗あるある

文字を全部大きくしたら、大事な情報が目立たなくなっちゃった！ そのうえ、絵も小さくなってしまった……。

やっぱり大きな文字と小さな文字をバランスよく入れることが大切なんだね。

第20回運動会
5月20日（土）午前9時から
場所はるの小学校運動場
雨天のときは5月27日（土）
地図
みんなが笑顔になる！

ステップ 5 ポスターを仕上げよう

下がきした日付や場所などの情報がまちがっていないかを確かめましょう。そのあと、文字を清書したり、絵に色をぬったりして、ポスターを完成させましょう。

少しはなれたところから見て、見やすいかどうかを確かめながら、字や絵を仕上げるといいリンゴ！

できあがり！

第20回運動会
みんなが笑顔になる！

まず、キャッチコピーで興味をもってほしいから、運動会の文字のそばに大きく入れたよ。

みんなに笑顔になってほしいから、みんなが笑顔の絵をかいたんだ！

5月20日（土）午前9時から
場所　はるの小学校運動場
雨天のときは5月27日（土）

駅やバス停から学校までの地図をかいてみたよ。これなら、学校に来たことがない人でもまよわないで来られるよね。

「読書週間」が始まることを
知らせるポスターをつくったよ！

テーマ「読書週間」／5・6年生／画用紙八切・四切

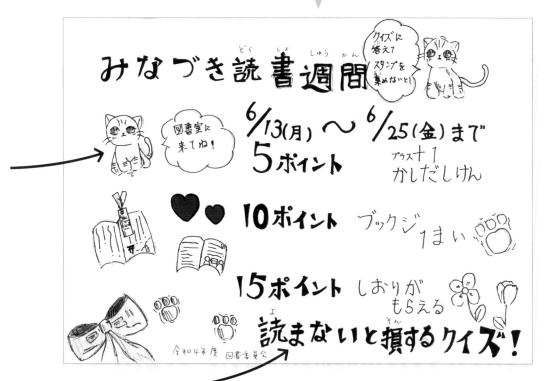

たくさんのかわいいイラストがかいてあるから、近くでよく見たくなるね。

クイズやクジなど、期間中のイベントの情報が大きく書かれていて、参加してみたくなるね。

大切な情報である日付が、囲まれているので、読書週間の期間がいつかわかりやすいね。

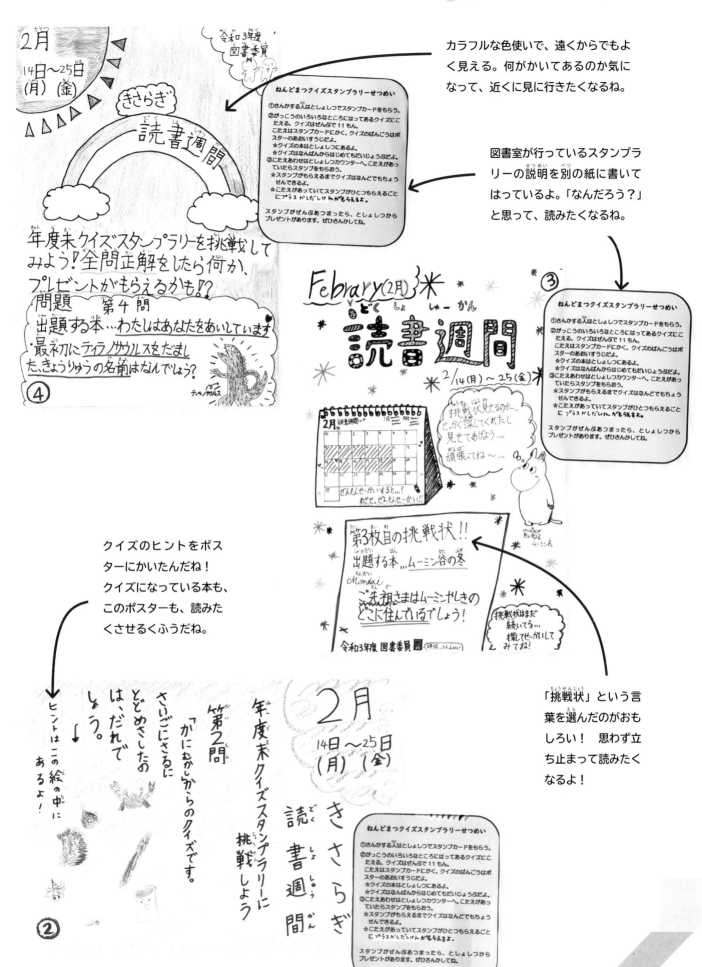

虫歯予防の大切さを
知らせるポスターをつくったよ！

テーマ「虫歯予防」／5・6年生／画用紙四切

きちんと歯みがきをした場合としなかった場合の様子を、○と×の絵で表現していてわかりやすいね！

口の中を虫メガネで拡大して、より伝わりやすいようにくふうしているんだね。

大きな歯が見る人に話しかけている絵が、遠くからでもよく目立つ！何のポスターか気になって、よく見てみたくなるね。

同じテーマのポスターでも、
「歯みがきをしたときのよい面」を表すか、
「歯みがきしなかったときの悪い面」を表すか、
いろいろな切り取り方があって
おもしろいリンゴ！

歯みがきの効果が短い言葉で説明されていて、わかりやすいね。

女の子の表情や口の中のイラストで、虫歯のこわさが伝わってくるね。

目立つように囲んであるので、「こうならないようにきちんと歯みがきをしよう」というメッセージがわかりやすいね。

パソコンやタブレットで地域の特産物を宣伝するポスターをつくろう

ポスターをつくれるアプリケーションはいくつかあります。ここでは、Google スライドと Microsoft PowerPoint を使ったつくり方を紹介します。

Google スライドを使ってみよう

Google スライドは、発表のための資料やポスターなどをつくるインターネット上のアプリケーションです。
横書きのポスターがつくれます。

1 計画を立てて材料を集める

この本の 6 ～ 8 ページを参考に、ポスターづくりの計画を立て、キャッチコピーと絵や写真など入れるものを考えましょう。使いたい絵や写真はわかりやすい名前をつけて、パソコンやタブレットに保存しておきましょう。

2 新しいプレゼンテーションをつくる

プレゼンテーションは、発表用の資料をつくるためのファイルのことです。

Google スライドを立ち上げて、「新しいプレゼンテーションを作成」のコーナーから「空白」を選びましょう。新しいプレゼンテーションができます。「ファイル」→「ページ設定」で、紙の大きさや向きも確認しておきましょう。

「空白」を選ぶ。

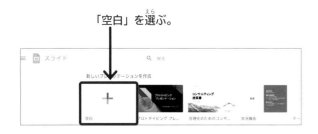

3 背景の色を変える

画面の上の「背景」をクリックして、色を変えてみましょう。

背景

ここをクリックすると、背景の色を選べる。

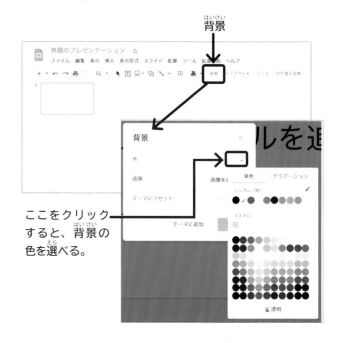

文字を入力する

「クリックしてタイトルを追加」と書かれた大き
な四角をクリックして、とくに大きく入れたい文
章を入力します。その下の、「クリックしてサブ
タイトルを追加」と書かれた四角には、少し小さ
く入れたい文章を入れます。

　文字の形（フォント）や大きさ、色は画面の上
から変えられます。

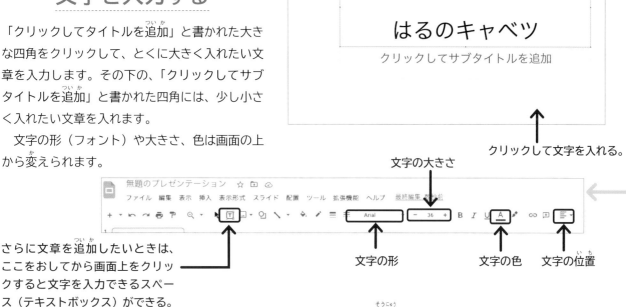

クリックして文字を入れる。

文字の大きさ

さらに文章を追加したいときは、
ここをおしてから画面上をクリッ
クすると文字を入力できるスペー
ス（テキストボックス）ができる。

文字の形　　　　　　文字の色　文字の位置

絵や写真を入れる

画面左上の「挿入」から「画像」を選びます。
保存しておいた絵や写真から、使いたいものを選
んでダブルクリックします。

挿入

絵や写真を保存した場所を選ぶ。

文字や絵、写真の
位置を変える

　文字や絵、写真の上で一度クリックすると、外
側に青い線があらわれます。その線をクリックし
ながら動かすと、文字・絵・写真を動かせます。

　バランスを見ながら整えたら、できあがりです。
完成したら、印刷してはってみましょう。

Microsoft PowerPoint を使ってみよう

PowerPoint は、Google スライドと同じ、発表用の資料をつくるアプリケーションです。PowerPoint では、文章を横書きでもたて書きでも入れることができます。

1 計画を立てて情報を集める

この本の6〜8ページを参考に、ポスターづくりの計画を立て、キャッチコピーと絵や写真など入れる情報を考えましょう。使いたい絵や写真はわかりやすい名前をつけて、パソコンやタブレットに保存しておきましょう。

2 新しいプレゼンテーションをつくる

PowerPoint を立ち上げて、「新規」のコーナーから「新しいプレゼンテーション」を選ぶと、新しいファイルができます。

画面の上の「デザイン」→「スライドのサイズ」→「ユーザー設定のスライドのサイズ」で、紙の大きさや向きも確認しておきましょう。

「ユーザー設定のスライドのサイズ」を選ぶと、「スライドのサイズ」画面があらわれる。

「新しいプレゼンテーション」を選ぶ。

「スライドのサイズ」の画面

ここでは紙をたて向きに使う設定にする。

3 背景の色を変える

画面の上の「デザイン」→「背景の書式設定」をクリックして「塗りつぶし（単色）」を選ぶと、背景の色を変えることができます。

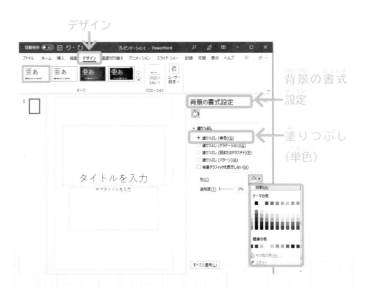

背景の書式設定

塗りつぶし（単色）

文字を入力する

ここでは、たて書きで文字を入れてみましょう。「タイトルを入力」と書かれた四角に文字を入力して、画面上の「文字列の方向」→「縦書き」を選びます。

文字の形（フォント）や大きさ、色も整えましょう。

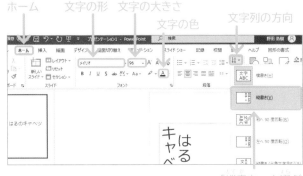

「縦書き」を選ぶ。

絵や写真を入れる

画面左上の「挿入」から「画像」を選びます。保存しておいた絵や写真から、使いたいものを選んでダブルクリックします。

絵や写真をクリックしたまま動かすと、位置を変えることができます。

絵や写真を保存した場所を選ぶ。

でき
あがり！

●画像を拡大・縮小する
画像をクリックするとあらわれる四角の角の○をクリックしてななめに引っ張ると、絵や写真を大きくしたり小さくしたりできます。

「ファイル」→「印刷」の順に選んで印刷し、みんなで見せ合いましょう。

ポスターを大きな紙にプリントしたいときは、先生に相談してみよう！

歯みがきをよびかける
ポスターをつくったよ！

テーマ「虫歯予防（むしばよぼう）」／6年生／A3（エー）

ポスターがクイズ形式になっているから、読んでみようという気持ちになるね。 →

歯磨きクエスト（はみがきくえすと）

第一問（だいいちもん）

奥歯（おくば）が1本（ぽん）なくなるだけでかむ力（ちから）は約40%（やく40）低下（ていか）する

〇か×か

第二問（だいにもん）

汚（よご）れをしっかり落（おと）とすために強く早く磨（つよ はや みが）く

〇か×か

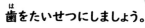

第二問（だいにもん）のこたえ ×

第一問（だいいちもん）のこたえ 〇

歯（は）をたいせつにしましょう。

保健委員会（ほけんいいんかい）

歯磨き三原則（はみがきさんげんそく）

その1 ブラシを歯（は）の根元（ねもと）に当（あ）てる。

その2 軽（かる）い力（ちから）で動（うご）かす。

その3 小刻（こきざ）みに動（うご）かす。

保健委員会

大きく書かれた「歯磨き三原則（はみがきさんげんそく）」というタイトルが目を引くね。歯みがきをするときのポイントを、短い言葉でわかりやすくまとめているよ！

歯みがきをよびかけるために、保健委員会（ほけんいいんかい）のみんながつくったポスターなんだよ。

歯みがき合言葉（はみがき あいことば）

その1
いっぽんいっぽんシュッシュシュ

その2
こまかくみがこうシュッシュッシュ

その3
さいごは、うがいでクチュクチュペ

保健委員会

「シュッシュシュ」「シュッシュッシュ」「クチュクチュペ」という音のひびきが、おもしろい。その部分だけ色をつけて目立たせているのもいいね！

ろうかを走るとあぶないって、ポスターで伝えたよ！

テーマ「学校の安全」／ 5・6 年生／ Ā4

ろうかは 走るな！！

ビタン

いたいよぉ～、みないでよ
お～、ほんとに見ないでく
ださい、はずかしいんで。

廊下を走ると、向こうから歩いてくる人にぶつかっ
たりしたり、すべってころんでしまって、とても危険で
す！

へへっ、体育館ま
で、みんなと競争
だ！

↑このようなことは、
考えないでね！

廊下を走ると、どんな事故が起こる
かという例を挙げて、みんなに気を
つけるよう、よびかけているんだね。

廊下を走ると危険

ある日 A 君が廊下を歩いていました。
すると突然、角から B ちゃんが！
A 君と B ちゃんはぶつかってしまいました。
今回は大けがしませんでしたが、走るのは危
険です。
みんなも気を付けてね。

私みたいに走ると、
大変なことになるよ♪

みんなが「あるある」
と感じたり、くすっと
笑えたりするセリフが
入っているから、身近
に感じてもらえるね。

キャッチコピーの文字の下
に線を入れる、ふちどる、
かげをつけるなどして、ポ
スターの中でいちばん目立
つようにくふうしているん
だね。

入れる情報をしぼりこんでいる
から、スッキリしていて見やす
いポスターになっているね。

廊下は、走ると危険！

廊下を走る
と危ないか
ら歩こう

ビタン

外国調べの
発表用ポスターをつくろう
みんなで

ジュンのクラスでは、グループで外国のことを調べてポスターにまとめ、
発表することになりました。どのようにまとめるのか、見てみましょう。

発表用ポスターをつくってみよう！

発表用ポスターは、授業などで調べてわかったことを、大きめの紙にまとめたものです。ポスターセッションをするときなどに使います。見た人にわかりやすいように、文章だけではなく、写真や絵、図やグラフを使います。

ぼくたちは、オーストラリアについて調べて、発表するよ。

グラフ　テーマ

発表用ポスターの例

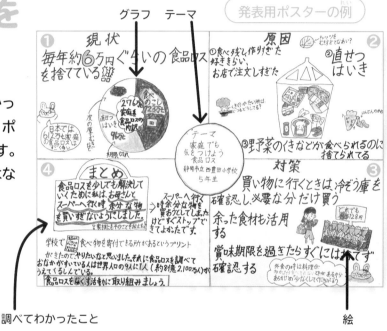

調べてわかったこと

絵

ポスターセッションってなんだろう？

ポスターをつくって、みんなの前で発表してみましょう。

ポスターセッションとは、調べたことをポスターにまとめ、それを見せながら、目の前にいる人たちに発表をすることです。

はなれたところから発表を見ている人にもわかるように、大きな紙に内容を整理してポスターをつくることが大切です。

こんなふうに進めてみよう！

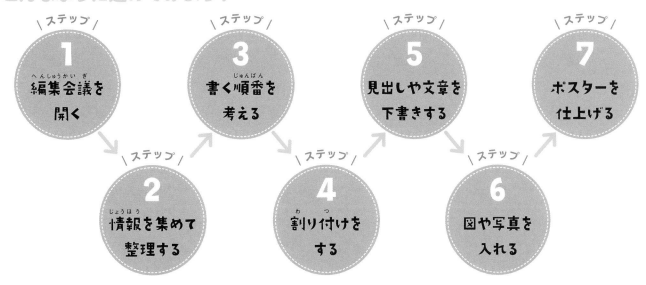

ステップ **1** 編集会議を開く

ステップ **2** 情報を集めて整理する

ステップ **3** 書く順番を考える

ステップ **4** 割り付けをする

ステップ **5** 見出しや文章を下書きする

ステップ **6** 図や写真を入れる

ステップ **7** ポスターを仕上げる

ステップ 1 編集会議を開こう

編集会議は、グループでどんなポスターをつくって発表するかを話し合う会議です。調べたいことや調べ方、担当などを決めて、メモに書いておきましょう。

何をどうやって調べる？

オーストラリアについて知りたいことや、調べる方法について、グループで話し合っておきましょう。

伝えたい相手も決めておいて、その人たちに興味をもってもらえる内容にしましょう。

だれが担当する？

グループで発表用ポスターをつくるときは、調べる内容ごとに担当を決めると、スムーズに作業できます。担当を分けることと、全員で協力することを決めておきましょう。

1巻の終わりにある編集会議メモのひながたを、先生にコピーしてもらって使いましょう。この本の45ページにあるURLからは、パソコンやタブレットで使えるPDFデータのダウンロードもできます。

ジュンたちがつくった編集会議メモ

編集会議メモ

5 年 1 組	小林ジュン・田山はるか・三村エマ

テーマ	オーストラリアについて

調べること・記事の内容	調べる方法	担当
・場所と自然 どこにある国か 自然の特色は	図書館の本 インターネット	三村
・オーストラリアの歴史	図書館の本	田山
・日本とオーストラリアの関係	図書館の本 インターネット	小林
・まとめ		全員

伝える相手	クラスのみんな

担当する内容を調べて 情報を集め、整理しよう

担当する内容を本やインターネットで調べましょう。調べた ことは、情報整理カードやノートに整理しておきましょう。

1巻の終わりにある情報整理カードのひながたを、先生にコピーしてもらって使いましょう。この本の45ページにあるURLからは、パソコンやタブレットで使えるPDFデータのダウンロードもできます。

本や資料で調べる

外国について調べるときには、まず事典で調べてみましょう。事典には、その国の位置や人口など、基本的な情報が書かれています。それから、もっとくわしく書かれた本を読むようにしましょう。

インターネットで調べる

インターネットで国について調べるときは、外務省や国ごとの大使館、観光局など、信頼できるサイトを見るようにしましょう。

ジュンたちがつくった情報整理カード

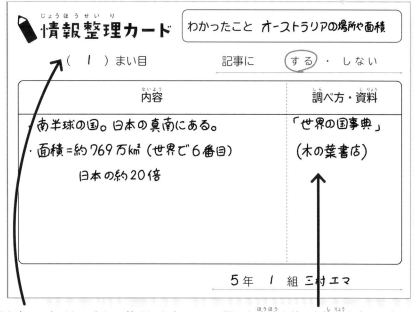

情報整理カード

わかったこと　オーストラリアの場所や面積

（ 1 ）まい目　　　記事に　する・しない

内容	調べ方・資料
・南半球の国。日本の真南にある。 ・面積＝約769万km²（世界で6番目） 　日本の約20倍	「世界の国事典」 （木の葉書店）

5年　1　組　三村エマ

カードに番号を書いておくと、あとで整理しやすい。

調べた方法や使った資料を書いておく。

発表の流れに合わせて ポスターに書く順番を決めよう

グループで調べたことを、どのような順番で発表するかを考えておきましょう。 それに合わせて、ポスターに書く順番を決めます。

伝わりやすさを考える

発表用ポスターは、発表する内容が上から順番に書かれていると、よりわかりやすくなります。発表の流れを考えて、書き出してみましょう。それに合わせてポスターの組み立てを決めていきます。見せたい図や写真も書いておくと、ポスターをつくるときに役立ちます。

ジュンたちがつくった組み立てメモ

ポスターの組み立てメモ

順番	内容	見せたい図や写真
1	オーストラリアの場所	地図
	面積	
	季節のちがい	
	オーストラリアの生き物	絵
2	オーストラリアの歴史	エアーズロックの写真

ステップ
4 割り付けをしよう

❸で決めた発表の順番に合わせて、割り付けを書いてみましょう。見出しや説明の文章、図・写真などをポスターのどこに入れるかを決めていきます。

題名、見出し、図や写真を大きく入れる

まず、ポスターの題名をいちばん目立つ場所に入れます。そのあと、上から順に発表する内容が入るように、見出しや文章、図や写真を入れる場所も決めていき、紙に鉛筆でうすく書いていきましょう。この字や線はあとで実際に記事を書き入れるときに消します。

模造紙のような
大きな紙を使うときは、
見出しも、図や写真も
できるだけ大きく
入れるようにすると、
いいリンゴ！

ジュンたちがつくった割り付け

ほかの割り付け例

気をつけて！失敗あるある

文章だけでまとめたら、すっごく読みにくいポスターになっちゃった……。
発表用ポスターをつくるときは、図や写真を入れたほうが、わかりやすくなるね。

文字ばっかりだと、
読むのたいへん！

ステップ 5 見出しや文章を下書きしよう

文字の大きさや文章の量（りょう）に気をつけながら、見出しや説明（せつめい）の文章を、鉛筆（えんぴつ）で下書きしましょう。

文字は大きく、説明（せつめい）は短く

発表用のポスターでは、少しはなれたところからでも読めるように、大きく読みやすい字で書きます。とくに題名や見出しは大きく書きましょう。

説明文（せつめいぶん）は、長すぎると字が小さくなり、読みにくくなります。発表で話す内容（ないよう）を要約（ようやく）するつもりで、短くまとめましょう。

ステップ 6 図や写真を入れよう

文章だけだとむずかしい内容（ないよう）も、図や写真を入れるとわかりやすくなります。また、文字だけの場合と比（くら）べてメリハリがつくので、楽しく読んでもらえます。

図でわかりやすく説明（せつめい）する

しくみや関係性（かんけいせい）、順序（じゅんじょ）など、図で表すとよりわかりやすくなるものがあります。

図や写真を効果的（こうかてき）に使って、わかりやすいポスターにしましょう。

文章を読むより図や写真で見るほうが、ずっとわかりやすいね。

文章を図にした例（れい）

日本はオーストラリアに自動車、機械、石油製品などの工業製品を売っています。そして、オーストラリアから、天然ガス、石炭、鉄鉱石などのエネルギー資源や原料を買っています。

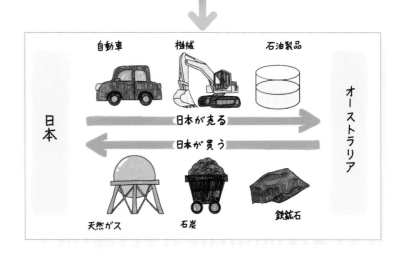

ステップ **7**

ポスターを仕上げよう

下がきが終わったら、文章や図などにまちがいがないかを、みんなで読みあって確（たし）かめましょう。それから清書（せいしょ）して、ポスターを完成（かんせい）させます。

できあがり！

発表用ポスターの字は、マーカーなどを使って太く、はっきりと書くと見やすくなるリンゴ！

🇦🇺 大自然が広がる南の国
オーストラリアを知ろう！

5年1組 1ぱん 小林ジュン・田山はるか・三村エマ

①オーストラリアって、どんな国？

オーストラリアは日本の南にある国です。日本から飛行機で行くと、8〜11時間かかります。
面積はおよそ769万㎢で、世界で6番目に広く、日本のやく20倍もあります。

▶オーストラリアの場所と大きさ

オーストラリアは大陸です。1つの大陸が丸ごと1つの国なのは、オーストラリアだけだそうです。

★オーストラリアの季節
オーストラリアは、南半球にあります。そのため季節が日本と反対で、12〜2月が夏、6〜8月が冬になります。
1年を通してわりあいあたたかく、雨は少ないそうです。

☆オーストラリアにしかすんでいない動物たち
オーストラリアには、ほかの国では見られない動物たちが、たくさんすんでいます。

カンガルー
コアラ
ハリモグラ
カモノハシ

②オーストラリアの歴史

オーストラリアには何万年も前から人びとが住んでいました。大昔に海をわたってうつりすんできた人たちはアボリジナルとよばれ、豊かな文化をもっていました。
今から200年以上前になると、ヨーロッパからおおぜいの人がオーストラリアにやってきました。
今では、さまざまな民族がいっしょにくらす国になっています。

エアーズロック 高さが348mもある岩。アボリジナルの人たちから、聖なる土地として大切にされてきたそうです。

まとめ
○オーストラリアにしかすんでいない生き物がたくさんいて、オーストラリアはとてもおもしろい国だと思いました。もっと知りたいです。（小林）
○オーストラリアは、アボリジナルの古い文化を大事にしながら、ヨーロッパやアジアの文化を取り入れていることがわかりました。（田山）
○オーストラリアの小学校で日本語を勉強していると知って、とても身近に感じました。（三村）

③オーストラリアと日本の関係は？

日本とオーストラリアの関係はとても深くて、毎年、大勢の人がオーストラリアに旅行しています。そして日本の100以上の市が、オーストラリアの州や市と姉妹都市を結んでいます。オーストラリアの小学校では、外国語の授業で日本語を選ぶ子もいるそうです。
国どうしで商品を売ったり買ったりする貿易もとてもさかんです。日本はオーストラリアに自動車などの工業製品を売って、エネルギー資源や原料を買っています。

日本とオーストラリアのぼうえき

自動車　機械　石油製品

日本 　日本が売る→　←日本が買う　オーストラリア

天然ガス　石炭　鉄鉱石

出典 「世界の国事典」（木の葉書店）2019年、「まるごとオーストラリア」（木の葉書店）2020年、「オーストラリアと日本」（ハコヤナギ出版）2022年
「オーストラリアを知ってみよう」https://xxx.xxxxxx.xx.xx

ポスターの題名や見出しは、色を変（か）えて、目立たせたんだ。

地図は、日本との位置関係（いちかんけい）がわかる地図と、オーストラリアの国の形がわかる地図の2つを入れたんだ。わかりやすくなったかな。

読みやすいように、記事と記事の間には線を引いたよ。

日本とオーストラリアの貿易（ぼうえき）の様子を図にしてみたよ。これで、わかりやすくなったよね！

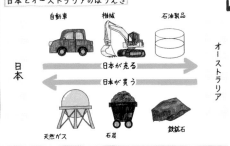
何を参考（さんこう）にしてポスターをつくったのかがわかるように、出典（しゅってん）を書いたんだ。

食品ロスについて 調べたことをまとめたよ！

テーマ「食品ロスを減らす方法（ほうほう）」／5年生／A2（エー）

「食品ロス」は、まだ食べ（た）られるのに、捨て（す）られてしまう食品のことだよ。

グラフといっしょに、具体的（ぐたいてき）な数字を出して食品ロスを説明（せつめい）しているから、たいへんな問題なんだということがよく伝（つた）わってくるね。

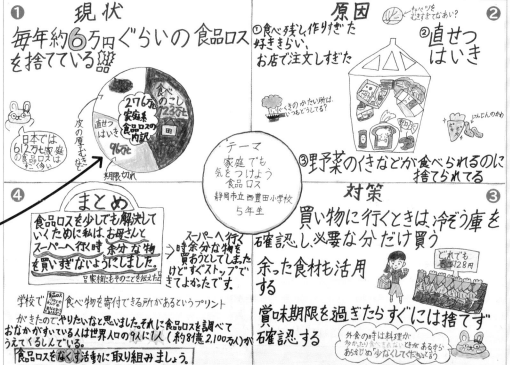

❶ 現状
毎年約6万円ぐらいの食品ロスを捨てている☺
日本では612万t家庭の食品ロスすごく多い
皮の厚むき など
食べのこし123万t
家庭系食品ロスの内訳 276万t
直せつはいき 96万t
期限切れ

テーマ 家庭でも気をつけよう 食品ロス 静岡市立 西豊田小学校 5年生

❷ 原因
①食べ残し 作りすぎた 好ききらい、お店で注文しすぎた
②直せつはいき
③野菜のくきなどが食べられるのに捨てられてる
きゃべつをむきすぎてないあい？
にくきのかたい所はいつもどうしてる？
にんじんのかわ

❸ 対策
買い物に行くときは、冷ぞう庫を確認（かく）し、必要な分だけ買う
余った食材も活用する
賞味期限を過ぎたらすぐには捨てず確認する
どれでも128円
外食の時は料理が多かったり食べきれないときがあるから あらかじめ少なくしてくださいと言う

❹ まとめ
食品ロスを少しでも解決していくために私は、お母さんとスーパーへ行く時 余分な物を買いすぎないようにしました。
スーパーへ行く時余分な物を買おうとしてしまったけどすぐストップできてよかったです。
学校で食べ物を寄付できる所があるというプリントがきたので、やりたいなと思いました。それに食品ロスを調べておなかがすいている人は世界人口の9人に1人（約8億2,100万人）がうえでくるしんでいる。
「食品ロスをなくす活動に取り組みましょう。」

どちらも全体を4つに分けて、真ん中の円に題名を書いているよ。❶〜❹の順に見るんだね。

グラフや絵の色使いがきれいで、とても見やすいポスターになっているね。

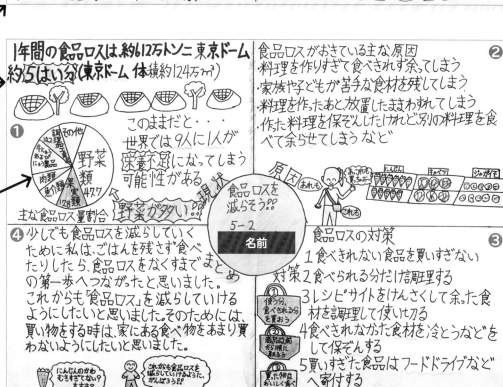

❶ 1年間の食品ロスは約612万トンで東京ドーム約5はい分（東京ドーム体積約124万m³）
このままだと・・・世界では9人に1人が栄養不足になってしまう可能性がある 現状
主な食品ロス量割合
野菜類 477 肉類 魚介類 実類 128 その他 調理 牛乳 および にゅう製品
野菜が多い⁉

❷ 食品ロスがおきている主な原因
・料理を作りすぎて食べきれず余ってしまう
・家族や子どもが苦手な食材を残してしまう
・料理を作ったあと放置したままわすれてしまう
・作った料理を保ぞんしたけれど別の料理を食べて余らせてしまう など
原因 あれも これも にんじん きゃべつ ジャガイモ

食品ロスを減らそう⁉ 5-2 名前

❹ 少しでも食品ロスを減らしていくために私は、ごはんを残さず食べたりしたら、食品ロスをなくすまでの第一歩へつながったと思いました。これからも「食品ロス」を減らしていけるようにしたいと思いました。そのためには、買い物をする時は、家にある食べ物をあまり買わないようにしたいと思いました。 まとめ
にんじんのかわ むきすぎてない？大丈夫？
次からも食品ロスを減らしていけるよう、がんばろう⁉

❸ 食品ロスの対策
1 食べきれない食品を買いすぎない
対策 2 食べられる分だけ調理する
3 レシピサイトをけんさくして余った食材を調理して使い切る
4 食べきれなかった食材を冷とうなどをして保ぞんする
5 買いすぎた食品はフードドライブなどへ寄付する
使う分、食べられる分を買おう
商品は前から順に取ろう
買った物おいしく食べそう

みそを手づくりする方法について、調べてまとめたよ！

テーマ「発酵の世界」／６年生／模造紙

手作り味噌（発酵の世界）

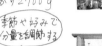

〈動機〉

僕は コロナ禍が始まった 2020年11月に 9年滞在していた アラブ首長国連邦から 日本に帰ってきてすぐに伯母の家にお世話になりました。

伯母は「発酵」の世界に精通しており、味噌はもちろんのこと、麹や酵母を育てながら、「コンブチャ」「りんご酢」「かき酢」なども作っていて、自宅は まるで実験室のようでした。

毎食 何かしらの発酵食品が入った食事をしていたので、僕も体調をくずすことが全くありませんでした。

発酵の素晴しさを学びたいと思ったところ、伯母に、まずは味噌を作ってごらんと言われて今夏挑戦してみました。

〈材料〉できあがり2700g

- 大豆　500g
- 米麹　1000g
- 塩　250g

> 季節や好みで分量を調節する

〈作り方〉

① 味噌を仕込む前日に、大豆を大きめの容器に移し、たっぷりの水に浸しておく。（2〜3回水をかえる）

> 圧力鍋なら30分位
> 僕は 8時間かかりました。

② 翌日、大豆の水をきり鍋で煮る。大豆が浸る程度の水を入れ弱火でコトコト煮る。

③ 指でつぶれるくらいの柔らかさになるまで煮たら、鍋から大豆を取り出します。この時ザルでこして煮汁はボールにとっておきます。

④ 煮大豆を熱いうちにつぶしていきます。

6年3組　　名前

⑤ 大きめのボールに米麹を入れて、そこに40℃に冷ました煮汁を 350ml 加えます。よく混ぜてほぐし、米麹が煮汁を吸ったら 塩を加えてよくまぜます。

⑥ ⑤のボールにつぶした煮大豆を入れてしっかりこねていきます。よく混ざったらだんご状にして、ポリ袋につめていきます。

⑦ ポリ袋にきっちりつめて袋をビニールパックに入れます。余分な空気をぬき、チャックをしっかり閉めます。

⑧ 常温で熟成させます。20℃〜23℃で2ヶ月程度熟成させれば「若味噌」として食べ始めることができます。寒ければ熟成期間は長く、暖かければ短くなります。

〈感想〉

味噌は日本特有の発酵食品。SDGsの食の視点、（飢餓をゼロに）から考えてもこれは世界中に今まで以上に紹介すべき食品だと思いました。

大豆の他に、アラブ首長国連邦でも簡単に手に入る ひよこ豆でも作ってみました。

- ひよこ豆 420g
- 米麹 200g
- 塩 65g

> まだかたかったかも……

海外では各国で手に入りやすい豆が異なると思うので、色んな豆で試してみたいと思いました。僕が1番気になっているのは、コーヒー豆です。

7月27日に味噌を作ったので、まだ発酵途中ですが、味見してみたところ大豆の方は 豆の味がしてとても美味しくて、

ひよこ豆は甘い白味噌のようでした。

味の変化が楽しみです。

どうしてみそを手づくりしてみることにしたのか、その理由が書いてあるね！

ポイントとなる部分は文字の色を変えたり、ふきだしにしたり、読む人にわかりやすいよう、くふうがされているね。

手順が写真で説明してあるから、みそをつくったことがない人でも理解しやすいね。

> 「発酵」は、食品の中にいる、目に見えないくらい小さな微生物が、食品を変える働きだよ。みそのほか、しょう油やパンなども、この働きを利用してつくられているんだ！

昆虫が大好きな
ふたりで、1枚の
ポスターを
つくったんだね。
担当する内容を
それぞれ紙に書いて、
最後にはりあわせて
いるよ。

黄色と緑の紙の上
に黒い字で見出し
を書いているから、
とても目立ってい
るね。

ゲンゴロウの幼虫と
成虫のえさの食べ方
と呼吸のしかたを写
真で比べているよ。
一目でちがいがわか
るね。

カブトムシとオオク
ワガタの特徴を表に
まとめているから、
にているところと、
ちがうところがよく
わかるね。

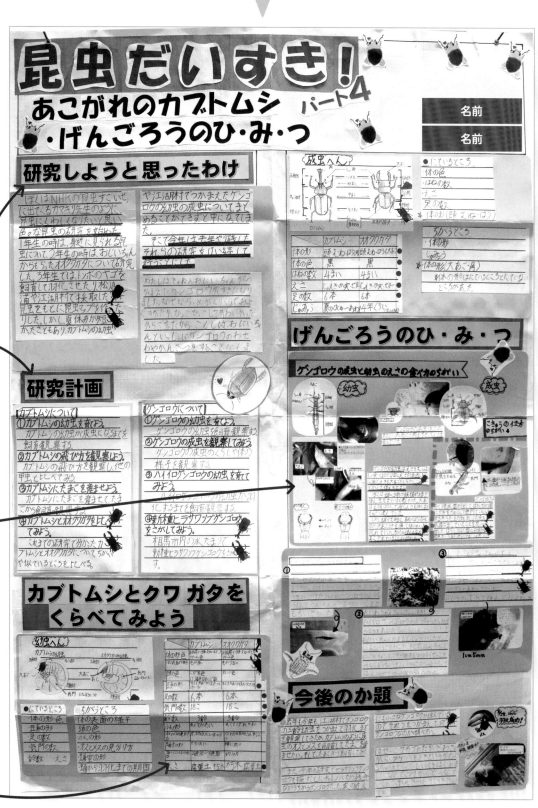

植物についての
研究の記録をまとめたよ！

テーマ「ヒマワリのひみつ」／5年生／模造紙

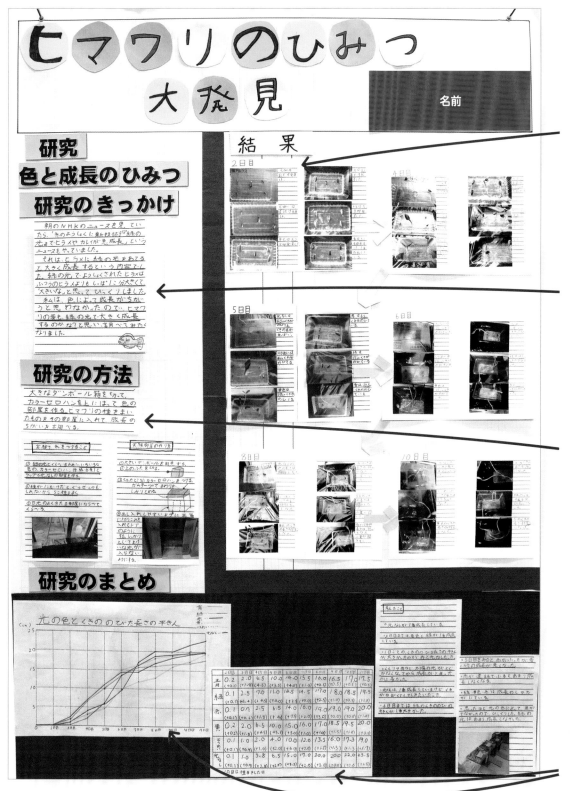

実験の様子を写真といっしょに説明しているよ。矢印を入れているから、流れもわかりやすいね。

調べることにした理由をくわしく書いているね。

実験をするとき、どんなところに気をつけて、どうくふうしたのかが、わかりやすくまとめられているね。

実験の結果を、グラフと表でとても細かくまとめているよ。まわりの色によって、ヒマワリの成長が変わったのかどうかが、よくわかるね。

「水じょう気」の字を水色のしずくの中に書いていて、目立っているね。題名も「取れるかな」という問いかけの形になっているんだ。

実験（じっけん）の結果（けっか）を文章といっしょに写真で紹介（しょうかい）しているから、水滴（すいてき）ができたかどうかが、よくわかるね。

とくに大事だと思う文章や言葉には、色鉛筆（いろえんぴつ）で線を引いて強調しているんだね。

テーマ「色と温度」／６年生／模造紙

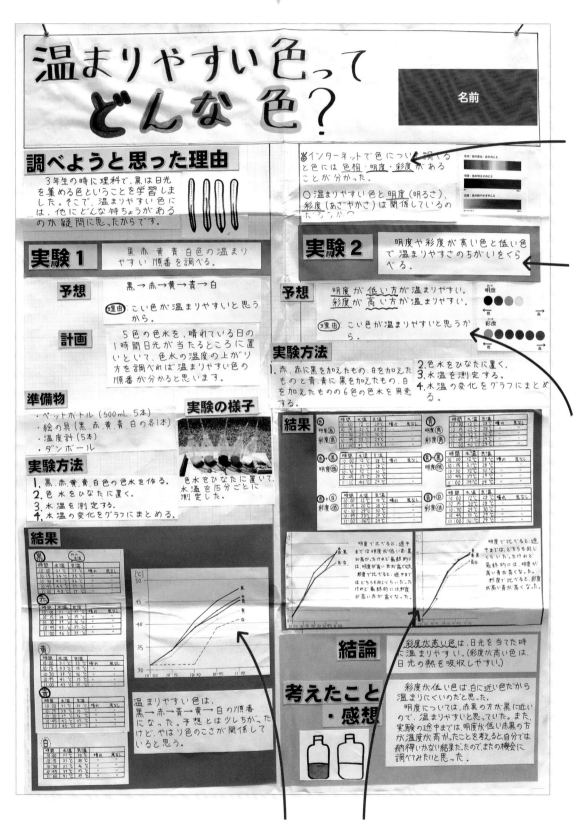

色相・明度・彩度というむずかしい言葉を、文章だけでなく、色の図といっしょに説明しているんだね。

文章を短くして、字もサインペンで大きくていねいに書いているから、とても読みやすいね。

実験の前の自分の予想と、その理由を図といっしょに説明しているよ。読んだ人は、結果はどうだろうと興味を引かれるね。

折れ線グラフの線を色分けして、実験の結果をわかりやすく見せているんだね。

デジコラム

パソコンやタブレットで
発表用ポスターをつくろう

発表用ポスターをつくれるアプリケーションはいくつかあります。
ここでは、Microsoft Word を使ったつくり方を紹介します。

Microsoft Word を使ってみよう

Word は、文章を書くためのアプリケーションです。
文章を横書きでも、たて書きでも入れることができます。

① 計画を立てて材料を集め、割り付けをする

この本の 30 〜 33 ページを参考に、どのような発表用ポスターをつくるかを考えて、割り付けしておきましょう。入れる図や写真も用意しておきます。

② 新しい文書をつくる

Word を立ち上げて「白紙の文書」を選ぶと、新しい文書ができます。

「レイアウト」→「サイズ」で紙の大きさを、「印刷の向き」で紙の向きを確認しておきましょう。

大きな紙でつくるときは、「その他の用紙サイズ」で設定する。模造紙に印刷する場合は 78.8 ㎝ × 1091㎝と入れる。

「白紙の文書」

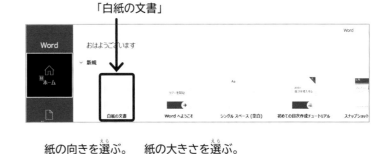

紙の向きを選ぶ。　紙の大きさを選ぶ。

Letter
215.9 mm x 279.4 mm

Tabloid
279.4 mm x 431.8 mm

Legal
215.9 mm x 355.6 mm

Statement
139.7 mm x 215.9 mm

Executive
184.2 mm x 266.7 mm

A3
297 mm x 420 mm

A4
210 mm x 297 mm

A5
148 mm x 210 mm

B4 (JIS)
257 mm x 364 mm

B5 (JIS)
182 mm x 257 mm

その他の用紙サイズ(A)...

③ 文章を入れて整える

画面の上の「挿入」→「図形」の順にクリックしてから、「横書きのテキストボックス」か「縦書きのテキストボックス」を選びましょう。テキストボックスとは、文字を入れる枠のことです。文書の上でクリックしたままななめに動かすと、テキストボックスができるので、文章を入れます。

挿入　図形　横書きのテキストボックス（左）と縦書きのテキストボックス（右）

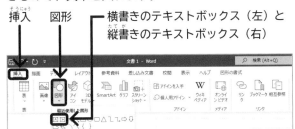

文字の形や大きさ、色などを変えたいときは、その文字をクリックしたままなぞり、画面の上の「ホーム」をクリック。文字の形や大きさ、色などを選びます。

ホーム　文字の形　文字の大きさ

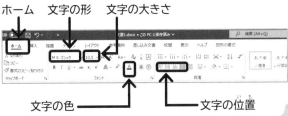

文字の色　　　　　　　　文字の位置

⑤ 線を引く

記事と記事の間に線を引くと、見やすくなります。画面上の「挿入」→「図形」をクリックして、線の種類を選びます。

そのあと、線を引きたい場所をクリックしたまま引っ張ると、線を引くことができます。

挿入
図形
線の種類

④ 絵・写真を入れて整える

画面の上の「挿入」から「画像」をクリックして、パソコンに保存しておいた絵や写真から、使いたいものをダブルクリックしましょう。

入った絵や写真をクリックして、角の〇をクリックしたままななめに引っ張ると、絵・写真の大きさを変えることができます。

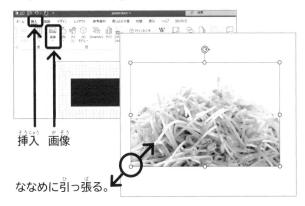

挿入　画像

ななめに引っ張る。

できあがり！

「ファイル」→「印刷」の順に選ぶと、印刷できます。

発表用ポスターのテンプレート（ひながた）を45ページにあるURLからダウンロードできるよ。用意されたテキストボックスなどに、文章や写真を入れてポスターをつくってみよう。

自由研究の記録を まとめたよ！

テーマ「両面テープの強度」／ 6 年生／ $\overset{\text{エー}}{\text{A}}$3

両面テープの強度

名前

1．研究の動機

壁にポスターや工作などを両面テープで貼るとすぐにはがれてしまう。
テープの量を増やしたり、強力テープを使ったりすることでうまく貼れる。
ホームセンターに行くと強力なテープが売っているのでそれらの両面テープにはどの程度の重さのものまで貼れる力があるのか知りたくなった。

2．予想

①普段使っているテープは少し分厚いポスターでも落ちてしまうので 10ｇ くらいまでしか支えられないのではないか？
②強力なテープは自動車の部品でも貼れると書いているので 5kg くらいまで支えられるのではないか？
③結果は面積に比例するのではないか？

3．研究の方法

（1）研究の手順
①金属パーツの平らな面同士を両面テープで貼り合わせる。
（両面テープはそれぞれ、1cm、2cm、3cm にカットし、各 5 回測定する。）

②片方を吊り下げ式のはかりにぶら下げ、もう一方を手で引っ張り金属パーツを引きはがす。

③金属パーツ同士がはがれた重さを測定する。

（2）研究に用いた両面テープ

	粘着剤	テープ厚	幅
①建材用・仮止め両面テープ	アクリル系	1.2mm	20mm
②強力両面テープ	アクリル系	1.2mm	19mm
③超強力両面テープ	アクリル系	1.1mm	15mm

①建材用・仮止め両面テープ　②強力両面テープ　③超強力両面テープ

4．研究の結果

(単位：kg)

	1 回目	2 回目	3 回目	4 回目	5 回目	平均値	中央値
①建材用・仮止め両面テープ							
1cm	3.64	3.24	2.75	2.94	2.71	3.056	2.94
2cm	6.75	7.35	6.41	5.19	5.04	6.148	6.41
3cm	6.10	5.41	7.77	7.87	6.45	6.720	6.45
②強力両面テープ							
1cm	5.03	4.05	3.98	2.55	3.98	3.918	3.98
2cm	7.68	7.14	7.18	6.40	7.75	7.230	7.18
3cm	9.66	10.34	9.48	10.14	9.77	9.878	9.77
③超強力両面テープ							
1cm	5.10	6.23	4.28	4.13	4.99	4.945	4.99
2cm	4.38	5.78	5.45	9.86	10.39	7.172	5.78
3cm	7.97	10.71	11.27	12.45	9.68	10.416	10.71

5．分かったこと

①両面テープ 1cm でも約 3kg から 5kg の重さに耐えることができる。
3cm では 10kg 前後の重さにまで耐えることができる。
②面積を増やすと耐えられる重さも増えるが正比例しているとまでは言えなさそう。
（もう少し調査回数を増やしたり条件を整えたりすると結果は変わるかもしれない。）

6．研究のまとめ

両面テープは面積に応じて粘着力が強くなることが分かった。
ポスターがはがれる力であまり大きな力が無いと思っていた両面テープに、想像以上の粘着力があることが分かって非常に驚いた。
実験後に両面テープの箱には粘着力として N という単位の数値が書かれていることに気づいた。
製造会社のホームページを見ると、テープの粘着力は「N ＝ ニュートン」という単位で表されることが分かった。
N ＝ ニュートンについて調べると以下のような単位であることが分かった。

> ＜N（ニュートン）について＞
> 1 キログラムの物質に 1m/s² の加速度を生じさせる力
> 1Kg 重＝約 9.8N（単 1 のマンガン乾電池 1 個分）

イメージはつかめたが、正直よく理解できなかった。
N（ニュートン）をはじめ、今まで知らなかった様々な単位についてもっと知りたいと思った。

7．参考文献

①ニチバン株式会社ホームページ　テープ性能表示
　https://www.nichiban.co.jp/industry/tape_performance/
②大日本図書株式会社ホームページ　いろいろな単位（ニュートン）
　https://www.dainippon-tosho.co.jp/unit/list/N.html

ふだんの生活の中で気づいたことが、実験のきっかけになったということを、簡潔にわかりやすくまとめているね。

見やすいように、まとまりとまとまりの間を空けているんだね。

研究の結果を表にしてまとめているから、どうちがったかを比べやすくなっているね。

見出しの前に数字をふったり、まとまりごとに間を空けたりして、読みやすいように、よくくふうしていることがわかるね。

参考にした資料を最後にきちんとまとめているよ。

コピーして使えるひながた

先生にコピーしてもらって使おう。モノクロ印刷でも使えるよ！

ダウンロードして使ってみよう

ポプラ社のこの本の紹介ページから、下のひながたのPDFデータをダウンロードできます。パソコンやタブレットでアクセスしてみましょう。

手書きでもデジタルでも　まとめ・発表カンペキBOOK 🔍 で検索するか、次のURLでページにアクセスしてみましょう。ダウンロードボタンはページ下部にあります。

www.poplar.co.jp/book/search/result/archive/7236.00.html

→7・15ページ（ステップ1）で使用する計画メモ

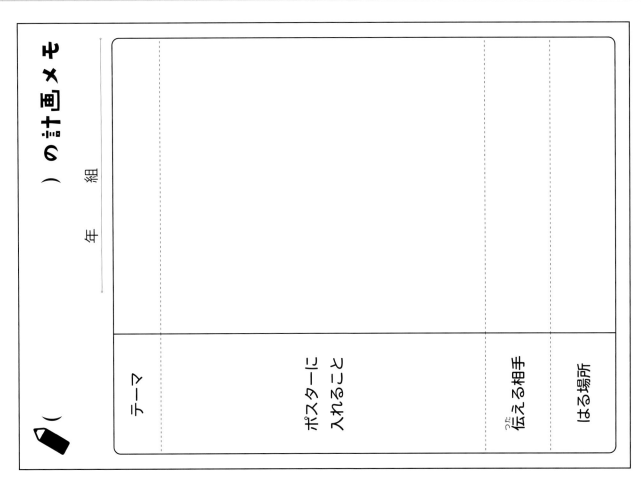

（　　　　）の計画メモ

年　組

テーマ

ポスターに入れること

伝える相手

はる場所

デジヒント

テンプレートを使ってみよう

　上のポプラ社HPからは、右のようなWordアプリを使った発表用ポスターのテンプレート（ひながた）もダウンロードできます。文章や画像を入れかえて、発表用ポスターをつくってみましょう。

テンプレートなら、テキストボックスができているから、文字や写真を入れるだけで完成するよ！

さくいん

あ

か

さ

た

は

ま

や

わ

この本で紹介した作例一覧

ページ	タイトル	テーマ	学年
12	10月21日はあかりの日	あかりの日	3年
12	10月21日はあかりの日	あかりの日	2年
12	10月21日はあかりの日	あかりの日	4年
12	10月21日はあかりの日	あかりの日	5年
13	わいわい作る家庭の日	家庭の日	4年
13	ステイホームは家でキャンプ	家庭の日	3年
20	みなづき読書週間	読書週間	6年
20	読書週間	読書週間	5年
21	きさらぎ読書週間	読書週間	6年
21	February（2月）読書週間	読書週間	6年
21	きさらぎ読書週間	読書週間	6年
22	むし歯にならないようにきちんと、歯みがきしよう	虫歯予防	5年
22	きれいな歯を作るために、私は歯をみがく。	虫歯予防	6年
23	ていねいに歯みがきをしよう	虫歯予防	5年
23	むし歯になると、こんなだよ!!	虫歯予防	6年
28	歯磨きクエスト	虫歯予防	6年
28	歯磨き三原則	虫歯予防	6年
28	歯みがき合言葉	虫歯予防	6年
29	ろうかは走るな!!	学校の安全	6年
29	廊下を走ると危険	学校の安全	5年
29	廊下は、走ると危険！	学校の安全	6年
36	家庭でも気をつけよう食品ロス	食品ロスを減らす方法	5年
36	食品ロスを減らそう！	食品ロスを減らす方法	5年
37	手作り味噌（発酵の世界）	発酵の世界	6年
38	昆虫だいすき！	カブトムシとゲンゴロウ	1・4年
39	ヒマワリのひみつ大発見	ヒマワリのひみつ	5年
40	水じょう気取れるかな	水蒸気の実験	4年
41	温まりやすい色ってどんな色？	色と温度	6年
44	両面テープの強度	両面テープの強度	6年

監修 鎌田 和宏（かまた かずひろ）

帝京大学教育学部初等教育学科教授。東京学芸大学附属世田谷小学校、筑波大学附属小学校の教諭を経て現職。専門分野は教育方法、社会科教育（生活科、総合的な学習の時間）、情報リテラシー教育。小学校社会科教科書の企画・執筆に関わる。著書に『小学校 新教科書 ここが変わった！社会 「主体的・対話的で深い学び」をめざす 新教科書の使い方』（日本標準）、『教室・学校図書館で育てる 小学生の情報リテラシー』、『入門 情報リテラシーを育てる授業づくり：教室・学校図書館・ネット空間を結んで』（少年写真新聞社）ほか。

装丁・本文デザイン：	倉科明敏（T.デザイン室）
表紙・本文イラスト：	めんたまんた
説明イラスト・図版：	はやみ かな、玉井杏、野田浩樹（303BOOKS）
編集制作：	常松心平、飯沼基子、伊田果奈、安部優薫（303BOOKS）
撮影：	水落直紀（303BOOKS）
校正：	鷗来堂
協力：	松本博幸（千葉県印西市立原山小学校校長）

写真・作品提供：
一般社団法人 日本照明工業会　　東京都多摩市立東寺方小学校
愛媛県東温市立北吉井小学校　　　東京都多摩市立東落合小学校
埼玉県川島町立中山小学校　　　　東京都練馬区立大泉第六小学校
埼玉県鴻巣市立小谷小学校　　　　東京都目黒区立油面小学校
静岡県静岡市立西豊田小学校　　　帝京大学中学校
島根県雲南市立吉田小学校　　　　福島県環境創造センター
青少年育成埼玉県民会議　　　　　PIXTA
多摩市教育委員会教育部教育指導課

本書では2023年1月時点での情報に基づき、Microsoft PowerPoint、Wordについての解説を行っています。画面および操作手順の説明には、以下の環境を利用しています。・Microsoft Windows 10 Home Version 21H2
本書の発行後、Microsoft Windows等がアップデートされた際、一部の機能や画面、手順が変更になる可能性があります。また、インターネット上のサービス画面や機能が予告なく変更される場合があります。あらかじめご了承ください。本書に掲載されている画面や手順は一例であり、すべての環境で同様に動作することを保証するものではありません。読者がお使いのパソコン環境、周辺機器などによって、紙面とは異なる画面、異なる手順となる場合があります。読者固有の環境についてのお問い合わせ、本書の発行後に変更されたアプリケーション、インターネットのサービス等についてのお問い合わせにはお答えできません。

手書きでもデジタルでも　まとめ・発表カンペキBOOK❸
ポスターで伝えよう

発　　行　　2023年4月　第1刷

監　　修　　鎌田和宏
発　行　者　　千葉 均
編　　集　　片岡陽子、浦野由美子
発　行　所　　株式会社ポプラ社
　　　　　　　〒102-8519　東京都千代田区麹町4-2-6
　　　　　　　ホームページ　www.poplar.co.jp（ポプラ社）
　　　　　　　kodomottolab.poplar.co.jp
　　　　　　　（こどもっとラボ）
印刷・製本　　大日本印刷株式会社

©POPLAR Publishing Co.,Ltd. 2023　Printed in Japan
ISBN978-4-591-17628-3 / N.D.C. 375 / 47P / 29cm

P7236003

あそびをもっと、まなびをもっと。
こどもっとラボ

手書きでも  デジタルでも

まとめ・発表カンペキBOOK

全**5**巻

監修 鎌田和宏
帝京大学教育学部
初等教育学科教授

▶小学校中学年～高学年向き

▶各47ページ A4変型判

▶N.D.C.375

▶オールカラー

▶図書館用特別堅牢製本図書